국제 중국어 교육용

중국 사회 문화 교육 참고서

이 책은 출판사 Sinolingua Co., Ltd와 원저자 祖曉梅의 허락을 받아,
한국외국어대학교 지식출판콘텐츠원에서 한국어판을 번역 출판할 권리를 보유하고 있는 책입니다.

이 책은 중국 교육부 중외언어교류협력센터(中國教育部中外語言交流合作中心)지원으로 제작되었습니다.

国际中文教育用
中国文化和国情教学参考框架

국제 중국어 교육용

중국 사회 문화 교육 참고서

祖曉梅 지음

한국외국어대학교 공자아카데미
박흥수 · 나민구 · 윤비취 · 姜穎 옮김

HU:iNE
SinolinguA 华语教学出版社

한국어판 출판에 즈음하여

언어는 문화를 반영하며, 문화는 언어 속에 고스란히 스며들어 있습니다. 우리는 언어를 배울 때 그 언어 속에 들어 있는 문화도 함께 배우는 것입니다. 우리가 외국어를 학습할 때 언어의 삼 요소, 즉 음운 어휘 문법을 체계에 맞추어 순서대로 학습하듯이 문화를 배울 때도 합당한 순서가 필요하다고 생각합니다.『국제 중국어 교육용 중국 사회 문화 교육 참고서』는 중국 교육부 중외언어교류협력센터에서 전문가들이 편찬한 도서로 중국문화에 대하여 학습할 만한 가치가 있는 내용들을 모두 포함한 작지만 알찬 책이라고 할 수 있습니다. 이런 관점에서『국제 중국어 교육용 중국 사회 문화 교육 참고서』의 한국어 번역 출판은 매우 시의적절하고 의미 있는 일이라고 생각합니다.

이 책의 특징은 과학적 원칙, 체계적 원칙, 대상적 원칙, 실용적 원칙에 의거하여 편찬되었다는 점입니다. 이 책은 학문적 근거를 가지고 이론과 실천의 근거로 삼았으며, 중국의 전통 문화와 현대 사회의 특징을 동시에 반영하고 있습니다. 또한 국제 중문 교육 영역에서 문화 교육의 특수성을 유지할 수 있도록 언어 교류, 비언어 교류, 교류 관습 및 언어 속의 문화까지 문화적 요소를 담고 있으며, 대상을 초급(초등학교), 중급(중고등학교), 고급(대학생 및 성인)으로 나누어 문화 교육을 실용적으로 접근한고 있습니다. 한마디로 요약하면 각 학습 대상에 맞추어 문화 항목이 제시되고 그에 따른 교학 내용 및 목표, 문화 항목이 차례대로 출현한다는 것입니다. 이 책은 현장에서 중국어 교육에 종사하는 교사들의 수요를 충분히 만족시킬 수 있는 좋은 중국 문화 교육 지침서로 자리매김할 것으로 기대됩니다.

이 책의 번역 출판에는 많은 분들의 협력과 도움이 있었습니다. 먼저 이 책의 번역을 허락해 주신 중국 교육부 중외언어교류협력센터의 관계자에게 감사의 마음을 전합니다. 번역 과정에서 필요할 때마다 귀한 의견을 주신 祖曉梅 교수님, 편집인으로서 함께 수고해 주신 나민구 원장님, 姜穎 원장님, 윤비취 부원장님께도 그동안의 수고에 대하여 감사의 마음을 전합니다. 번역에서 발생하는 여러 가지 문제를 함께 생각하고 고민해주신 景亚娟 , 李杨 , 李越 , 宁思慧 , 刘雅茹, 謝江 선생님들께도 그간의 수고에 대하여 감사의 마음을 표합니다. 끝으로 이 책의 출판을 기꺼이 허락해 주신 한국외국어대학교 지식출판원의 고윤성 원장님께 감사의 마음을 전하며, 이 책이 한국의 중국어 교육 발전에 귀중한 역할을 할 수 있기를 기대해 봅니다.

2023년 11월 22일

옮긴이 대표 박흥수

머리말

Ⅰ 집필 목적

다양한 언어 문화를 이해하는 것은 문화 다양성을 촉진하고 학습자의 세계적 시야를 양성하는 데 중요한 역할을 한다. 국제 중국어 교육은 세계 언어 문화 교류의 중요한 구성 요소이며, 구성원 서로에 대한 이해를 넓히고 문명 교류 및 상호 학습을 촉진하는 역할을 한다. 또한 우리는 중국어를 모국어로 사용하는 국가로서 전 세계 학습자에게 진실하고 입체적이며 전면적으로 중국을 이해할 수 있는 길과 수단을 제공하고, 유엔 유네스코의 「세계 문화 다양성 선언」을 적극적이고 주도적으로 실천하여 세계 문화를 풍부하게 하는데 공헌할 책임과 의무가 있다. 이로써, 중국 교육부 중외언어교류협력센터(이하 '언어협력센터'라고 지칭)는 『국제 중국어 교육용 중국 사회 문화 교육 참고서』(이하 '참고서'라 지칭)를 제작하여 중국 문화와 현대 사회 교육 내용과 목표를 정리 기술하여 중국 내외 대학과 초·중·고등학교와 공자학원(학당) 및 기타 중국어 교육 기관에 문화 과정을 개설하고, 교과 교육 및 교재를 편찬하며, 더불어 학습자 문화 능력 평가 등 방면에 참고와 근거를 제공하는 것을 목적으로 한다.

국제 중국어 교육 분야의 첫 번째 문화 교육 참고서로서 『참고서』는 중국 문화와 당대 사회를 전면적이고 체계적, 객관적으로 소개하기 위해 혼신을 다해 노력하고자 한다. 또한 문명 교류 및 상호 학습을 촉진하고 세계 문화 다양성을 풍부하게 하며 인류 운명 공동체를 구축하는 데 공헌하고자 한다. 깊고 유구한 중국 문화로 인해 현대 중국은 나날이 새로워지고 있으며, 일부 참고서는 중국 문화 사회의 모든 측면을 포괄하기 어렵기 때문에 『참고서』는 교육 내용과 목표를 명백히 설명하고 문화적 포인트의 예를 제시하는 방식으로 중국 문화 사회 교육을 위한 참고서를 제공한다.

Ⅱ 집필 원칙

1. 과학성의 원칙

『참고서』는 생활의 광범위한 문화적 정의를 사용한다. 본 도서는 문화 인류학, 다문화 교류학, 문화 보급학, 제2언어 습득과 교수법으로 이론적 근거를 삼았으며, 중국 내외 외국어 학습 기준과 교육의 참고서를 참고하였다. 또한 국제 중국어 교육 분야의 문화 교육 연구 성과를 흡수하여 해외 공자학원(학당)과 대학교 및 초·중·고등학교의 중국 문화 교육의 실천과 사례를 광범위하게 연구하였으며, 이를 기초로 제작한 문화 교육 참고서는 탄탄한 이론적 기초와 실증적 근거를 지닌다.

2. 체계성의 원칙

『참고서』는 중국 문화와 사회 교육 내용 및 목표를 간추려 정리하고 설명하였다. 문화 교육의 내용은 문화적 산물과 제도, 행위, 관념의 차원을 포괄하였으며, 중국 전통 문화의 성취와 공헌뿐 아니라 중국 현대의 사회 정보를 포함하며, 더 나아가 중국 사회와 국민 생활의 내용도 포함하였다. 이에 통시적이고 공시적인 차원과 국가와 개체의 관점에서 힘써 모색하여, 입체적이고 진실하게 전반적인 중국을 드러내고자 한다.

3. 지향성의 원칙

다문화 교류 능력의 배양과 '구조-기능-문화' 결합을 구현하는 것은 중국어 교육의 두드러진 특징이다. 『참고서』는 국제 중국어 교육 분야의 문화 교육의 독특성을 충분히 고려하였고, 여기서 선택한 문화 항목과 문화적 포인트는 중국어 학습 및 다문화 교류와 밀접한 문화 요소를 맞춤형으로 제고하였다. 예를 들어, 언어 소통, 비언어 소통, 소통 관습, 언어 중의 문화 등이 있다. 이는 학습자가 언어와 문화 간의 관계를 이해하고 언어 소통 능력과 다문화 의식을 높이는 데 도움이 된다.

4. 실용성의 원칙

『참고서』는 중국 문화와 사회 교육의 전체적인 틀과 문화 항목을 제공하며 학습자의 인지적 특성에 따라 초급(초등학교), 중급(중·고등학교), 고급(대학 및 성인) 3단계로 구분하여 문화 교육의 실용성과 활용성을 높였다. 또한 각 단계에서 학습자의 특성과 교육 특성에 상응하는 문화 항목을 선택하고 문화 포인트를 열거했다. 구체적인 교육 목표와 내용을 기술하여 문화 교육이 얕은 곳에서 깊은 곳으로, 구체적인 곳에서 추상적인 곳으로, 분산에서 체계적 순환으로 나선형 상승의 특성을 나타내었다.

Ⅲ 내용과 목표

1. 구조 설계

『참고서』는 3개의 1급 문화 항목과 31개의 2급 문화 항목으로 구성되어 있으며 문화 교육 내용의 체계성과 완전성을 고려하였을 뿐 아니라 중국 문화와 사회의 독특성도 부각하였다. 고금을 두루 살펴 현대를 기반으로 전통 문화와 현대 사회 간의 계승과 발전의 관계를 강조하였다. 또한 문화 포인트를 열거한 설계는 중국 문화의 전형적 특징을 강조하며, 문화 교육 내용의 동태성과 개방성도 나타내어 교사들이 문화 콘텐츠의 변화와 교육의 수요에 따라 문화 교육 포인트를 유연하게 증감하고 취사선택하는 데 편리하도록 하였다.

『참고서』는 초급(초등학교), 중급(중·고등학교), 고급(대학 및 성인)의 3단계로 나눈다. 단계 구분은 주로 문화 콘텐츠의 난이도와 중국어 수준이 아니라 학습자의 인지 수준과 교학 방법에 따라 결정된다. 『참고서』는 중국 문화와 사회 교양 교육의 참고서로, 문화 교육은 중국어의 언어 교육에서 전개할 수도 있고 독립적인 문화 교과 과정 강좌를 통한 실행도 가능하다.

2. 교학 목표

『참고서』의 교학 목표는 총목표와 등급별 목표로 나뉜다.

2.1. 총목표

총목표는 문화 지식과 문화 이해, 다문화 의식 및 문화 태도의 4가지 차원을 포함한다.

⑴ 문화 지식

- 중국 전통 문화와 현대 중국, 사회와 생활의 개황과 주요 특징을 이해한다.

⑵ 문화 이해

- 중국 문화의 다양성과 동태성에 대하여 이해한다.
- 전통 문화와 현대 사회생활의 연관성을 이해하고 문화적 산물과 제도, 행동으로 나타나는 중국 문화의 함의와 관념에 대하여 이해한다.

⑶ 다문화 의식

- 중국 문화와 학습자의 자국 문화와의 유사점과 차이점에 대하여 이해한다.

- 중·외 국가 간 문화 유사점과 차이점에 대한 변별력을 배양한다.

(4) 문화 태도

- 존중, 관용, 공감의 태도로 중국 문화의 특성과 문화 간 차이를 대하며 평가한다.
- 고정 관념과 문화적 편견을 극복한다.

2.2. 단계별 목표

(1) 초급(초등학교) 단계

- 중국의 대표적인 문화적 산물과 관행적 행위와 관습에 대하여 식별한다.
- 중국의 대표적인 문화적 산물과 행동 습관에 대한 기본 상식을 이해한다.
- 중국 문화와 자국 문화에 상응하는 문화적 요소를 연관시킨다.

(2) 중급(중·고등학교) 단계

- 중국의 사회생활, 전통 문화, 현대 사회에 대한 기본 지식에 대하여 이해한다.
- 중국 국민의 생활, 문화 전통과 현대 사회의 다양성에 대하여 이해한다.
- 중국 문화와 자국 문화의 주요 유사점과 차이점을 비교한다.

(3) 고급(대학 및 성인) 단계

- 중국의 사회생활, 전통 문화와 현대 사회의 특징과 그 가운데 구현된 문화적 함의를 이해한다.
- 중국 문화의 동태적 발전과 영향을 주는 요인을 조사하고 분석한다.
- 중국 문화와 자국 문화의 특징과 문화 간의 차이에 대하여 객관적으로 평가한다.

Ⅳ 사용 설명

1. 교학 대상

『참고서』는 중국 내외 대학교와 초·중·고등학교, 공자학원(학당) 및 기타 언어 및 문화 교육 기관의 교사에게 중국 문화 및 중국 사회 교육 지침을 제공하는 것을 목표로 한다. 『참고서』의 문화 항목 및 문화 포인트는 중국어 교실 교육에 언어 교육의 주제 혹은 화제로서 융합될 수도 있고, 또는 개별 문화 교과 과정이나 문화 강좌, 문화 활동의 내용으로 학습자의 모국어로 강의하거나 토

론할 수 있다. 교사는 학습자의 수요와 지식 배경을 근거로 적합한 교육 내용과 방법을 선택할 수 있다.

2. 교학 내용에 대한 건의

『참고서』의 사회생활과 전통 문화, 현대 중국 세 가지 분야의 문화 항목은 상대적으로 독립적이며 상호 연결된다. 교학 내용에 있어서는 고금을 두루 살피고 현대에 기반을 두는 원칙에 입각하여 중국 문화와 사회의 다원성과 동태성을 강조하고, 전통 문화가 중국 사회와 생활에 미치는 영향과 현대적 의의를 강조하며, 문화적 산물과 제도와 관습 등 가시적인 문화 현상의 배후에 있는 문화적 함의와 관념에 대하여 깊이 파고들어 중국 문화의 본질적 특징을 파악한다. 이 밖에도, 다문화 의식을 배양하는 것은『참고서』에서 확정한 교육 목표 중 하나이며 편폭의 제약과 교육 대상의 다양성으로 인해『참고서』에서는 중·외 문화적 유사점과 차이점, 그리고 다문화 교류 항목을 열거할 수 없으나, 중·외 문화의 연결과 비교 및 상호 작용은 항상 중국 문화와 사회 교육 내용의 중요한 부분이다.

3. 교학 방법에 대한 건의

『참고서』는 중국 문화 사회 교육의 내용과 목표에 대한 기술이며, 이에 상응하는 문화 교육 자료와 교육 방법에 대한 내용은 열거하지 않았다.『참고서』와 세트인 문화 교육 지침 또는 문화 교육 사례는 교사의 문화 교육 실행을 위한 구체적인 지침을 제공할 것이다. 교학 방법 측면에서 강의식 교육 방법과 체험형 학습 모형을 결합하여 학습자가 문화 지식, 기술, 의식 및 태도에 대한 종합적 능력을 배양하는 데 도움이 되도록 한다. 교사는 특정 문화 콘텐츠와 목표를 근거로 설명, 토론, 문화 체험, 예술 감상, 문화 비교, 상황 대화, 역할극, 데이터 및 사례 분석, 설문 조사, 인터뷰와 관찰 등과 같은 교육 활동을 선택할 수 있다. 이 밖에도, 교학 방법은 학습자의 인지 수준과 연령적 특성이 서로 상응해야 하며, 체험형, 분석형, 사변형, 독립적 학습과 같은 교육 활동을 적합하게 선택하여 문화 교육의 최적 성과를 달성하도록 힘써 노력한다.

Ⓥ 연구 개발 과정

중국 내외 학습자의 중국과 중국 문화를 이해하려는 수요를 충족시키기 위해 중국 교육부 언어 협력센터는 『참고서』 프로젝트를 기획하였다. 본 프로젝트는 주요 과제 협력 및 난국 타개의 성과이며, 공동의 지혜 결정체이다. 수석 전문가 쭈샤오메이 교수팀과 화어교학 출판사, 베이징시의 정석 학교 개발팀이 『참고서』 개발에 주요한 공헌을 함에 감사를 표한다. 본 서적의 심의와 검정을 위한 전문 고문에도 감사를 표한다. 이들은 북경어언대학교 추이융화 교수와 북경대학 장잉 교수, 북경어언대학 저우샤오빙 교수, 화둥사범대학 우융이 교수, 복단대학 우중웨이 교수, 북경사범대학 왕쉐쑹 교수, 캐나다 란가라학원 청룽 교수이다. 본 프로젝트의 개발 과정에서 중국 내외 학자, 교사 및 학습자로부터 긍정적인 피드백과 조언을 받았다. 이 모두가 『참고서』의 원활한 완성과 질적 보증의 기반 되었으므로, 이에 진심으로 감사드린다.

중국 사회 문화 교육 참고서 항목의 개발은 힘들고 복잡한 작업이었으나, 국제 중국어 교육 영역에서 최초의 문화 교육의 원칙적 자료라는 점에서 『참고서』는 창의성의 의미를 가진다. 부족한 부분도 많으므로, 독자 여러분들의 귀중한 의견을 환영한다. 우리는 독자의 사용 현황과 피드백 의견을 기반으로 『참고서』를 부단히 개정하고, 향후 『참고서』 시리즈의 사용 설명서를 개발하여 중국 사회 문화 교육의 실현을 지원하고자 한다.

중국 교육부 중외언어교류협력센터
2021년 10월

참고서 구조도

초급(초등학교)

사회생활	음식	거주
	복장	출행
	가정	명절 및 생일 축하
	여가 생활	언어 교류
	비언어 교류	왕래 교류
	언어와 문화	
전통문화	문화유산	문학
	예술	발명
현대중국	지리	교육
	언어 문자	

중급(중·고등학교)

사회생활	음식	거주
	복장	출행
	가정	명절 및 기념일 경축
	여가 생활	소비
	언어 교류	비언어 교류
	왕래 교류	언어와 문화
전통문화	역사	문화유산
	문학	예술
	철학	발명
현대중국	지리	인구와 민족
	정치	경제
	교육	언어 문자
	문학예술	과학기술
	미디어	대외관계

참고서 구조도

고급(대학 및 성인)

사회생활	음식	거주
	복장	출행
	가정	명절 및 기념일 경축
	여가 생활	소비
	취업	언어 교류
	비언어 교류	왕래 교류
	언어와 문화	
전통문화	역사	문화유산
	문학	예술
	철학	종교
	발명	중외 교류
현대중국	지리	인구와 민족
	정치	경제
	사회 보장	교육
	언어 문자	문학예술
	과학기술	미디어
	대외 교류	

차례

초급 초등학교

▪ 사회생활

2급 항목	교육 내용 및 목표	문화 요소 예시
음식	• 중국인의 일상 음식의 주요 음식물과 취향의 선호를 식별한다. • 중국인의 젓가락 사용 방법과 합찬에 대하여 이해한다. • 쟈오쯔, 북경 오리구이, 훠궈 등 중국 음식의 특징에 대하여 이해한다.	• 일일삼찬 / 주식 / 볶음 요리 / 쟈오쯔[1] / 국수 / 바오쯔[2] / 더우쟝[3] • 젓가락 / 합찬(合餐)[4] • 북경 오리구이 / 훠궈 • 색향미
거주	• 중국인의 전형적인 주거유형과 지역 분포를 식별한다. • 중국인의 주거 환경과 실내 배치의 특징에 대하여 이해한다. • 중국인의 일상생활의 특징에 대하여 이해한다.	• 단층집 / 러우팡(樓房) / 별장 / 정원 / 단지 / 마을 • 침실 / 거실 / 중국식 가구 • 낮잠
복장	• 중국식 의상의 색상과 디자인 등의 특징을 식별한다. • 중국인의 일상적 의상의 주요 유형과 특징에 대하여 이해한다. • 중국 초·중·고교 학생의 교내 복장 규제에 대하여 이해한다.	• 작업복 / 평상복 / 운동복 • 중국식 복장 • 교복 / 교내 복장 규제
출행	• 중국인의 일상적인 출행의 주요 교통수단을 식별한다. • 중국 학생이 등교하는 주요 교통 방식에 대하여 이해한다. • 중국의 기본 교통 표지와 교통 규칙을 이해한다.	• 자전거 / 버스 / 지하철 / 자가용 / 택시 / 스쿨버스 • 신호등 / 우측통행 / 횡단보도 / 보행자 우선
가정	• 중국 가정의 식구 수와 가정 구성원 사이의 호칭에 대하여 이해한다. • 중국 가정생활 중의 역할 관계에 대하여 이해한다. • 중국 가정의 경로애유의 특징과 관념에 대하여 이해한다.	• 가정 인구 / 친족 호칭 • 가정 역할 / 가장 / 집안일 분업 • 가풍 / 경로애유(尊老愛幼)[5]
명절 및 생일 축하	• 중국 춘절의 주요 풍속과 문화적 함의에 대하여 이해한다. • 중국인이 생일을 축하하는 풍속과 문화적 함의에 대하여 이해한다. • 12가지 띠에 대하여 이해한다.	• 춘절(春節) / 제야 음식 / 폭죽놀이 / 세뱃돈 • 생일 보내기 / 돌잔치 • 만 나이와 세는 나이 / 띠
여가 생활	• 중국 아동의 주요 여가 오락 활동에 대하여 이해한다. • 중국 아동의 놀이와 체육 활동의 유형과 특징에 대하여 이해한다. • 중국 아동의 여가 오락 활동의 취향과 그 원인에 대하여 이해한다.	• 놀이공원 / 퍼즐 게임 / 만화 영화 • 연날리기 / 칠교판 맞추기 / 매로 새 잡기 • 궁푸(功夫) / 체육 활동

1 쟈오쯔(餃子)는 일반적으로 중국식 물만두를 말한다.

2 바오쯔(包子)는 만두 안에 소가 든 중국식 만두, 즉 찐빵 종류를 말한다.

3 더우쟝(豆漿)은 중국식 콩국물을 말한다.

4 합찬(合餐)은 모여 함께 식사하는 습관을 말한다.

5 경로애유(尊老愛幼)란 '노인을 존경하고 어린이를 사랑한다'라는 의미이다.

2급 항목	교육 내용 및 목표	문화 요소 예시
언어 교류	• 중국인 호칭의 예의에 맞는 용어와 사용하는 경우에 대하여 이해한다. • 중국인의 인사, 감사, 이별의 예의에 맞는 용어에 대하여 이해한다. • 중국인이 교류할 때 사용하는 친족 호칭어의 특징과 원인에 대하여 이해한다.	• "선생(-씨), 선생님, 아저씨, 아줌마, 할아버지, 할머니" 등 비 친족 호칭어의 용법 • 인사하기 / 감사하기 / 이별하기
비언어 교류	• 중국인의 상용 신체 언어의 특징과 예의 바른 행위에 대하여 이해한다. • 중국 교정의 상용 신체언어의 특징과 예의 바른 행위에 대하여 이해한다.	• 쥐궁(鞠躬) 악수 / 경례 / 공수례 / 미소 / 숫자의 손짓 / 앉은 자세와 서는 자세 / 손 들기와 일어서기
왕래 교류	• 중국인이 만날 때의 예의와 예의 바른 행위에 대하여 이해한다. • 중국인이 안부를 묻는 예절과 예절 바른 행위에 대하여 이해한다. • 중국인의 공공장소에서의 교양 있는 행동에 대하여 이해한다.	• 대면 예절 / 안부를 묻는 예의 • 줄 서기
언어와 문화	• 중국어의 행운의 숫자 언어와 상징적 함의에 대하여 이해한다. • 중국어의 빨간색 등의 색채 언어의 상징적 함의에 대하여 이해한다. • 중국어 동식물 관련 단어, 특별히 "용"의 상징적 함의에 대하여 이해한다.	• 짝수 / 4, 6, 8 등의 숫자 단어 • 빨간색 / 노란색 • 용 / 개 / 소 / 거북이 / 박쥐 • 매란국죽

▪ 전통문화

2급 항목	교육 내용 및 목표	문화 요소 예시
문화유산	• 만리장성의 위치와 특징 및 가치에 대하여 이해한다. • 구궁의 위치와 특징 및 가치에 대하여 이해한다. • 부다라궁의 위치와 특징 및 관련된 역사 이야기에 대하여 이해한다.	• 만리장성 / 산하이관(山海關) / 바다링(八達嶺) • 베이징 구궁(故宮) / 천안문 • 부다라궁(布達拉宮) / 문성공주(文成公主)
문학	• 중국의 지명한 신회 전설 이야기와 그 문회적 함의를 이해한다. • 중국의 저명한 성어와 우화 이야기와 그 문화적 함의를 이해한다. • 중국의 저명한 민간 전설 이야기와 그 문화적 함의를 이해한다.	• 여와보천[6] / 반고개천지[7] / 창힐조자[8] / 대우치수[9] • 우공이산[10] / 수주대토[11] • 우랑직녀 / 목란종군[12]
예술	• 중국 젠즈와 녠화의 예술적 특징과 춘절의 풍속과의 관계에 대하여 이해한다. • 중국 피잉극의 도구와 공연 예술의 특징을 이해하고 감상한다. • 중국의 저명한 동요와 민가를 이해하고 배운다.	• 젠즈(剪紙) / 창화(窗花) • 녠화(年畫) / 양류칭녠화(楊柳青年畫)[13] • 피잉(皮影)[14] 도구 / 피잉 공연 • '모리화' / '친구를 찾아요' / '수건을 돌려라'
발명	• 중국 음력과 24절기의 시간과 특징에 대하여 이해한다. • 24절기와 기후 농경, 명절의 관계에 대하여 이해한다. • 주산의 특징과 주판을 사용하는 방법을 이해한다.	• 음력 / 24절기 / 절기 민속 • 주산 / 주판 / 곱셈 구결

6 여와보천(女媧補天)이란 '뉘와가 하늘을 메우다'라는 의미이다.
7 반고개천지(盤古開天地)란 '판구가 천지를 개벽하다'라는 의미이다.
8 창힐조자(倉頡造字)란 '창제가 문자를 만들다'라는 의미이다.
9 대우치수(大禹治水)란 '다위가 홍수를 다스리다'라는 의미이다.
10 우공이산(愚公移山)이란 '우공이 산을 옮긴다'라는 의미이다.
11 수주대토(守株待兔)란 '나무 그루터기를 지켜보면서 토끼를 기다리다'라는 의미이다.
12 목란종군(木蘭從軍)이란 '목란이 군대에 간다'라는 의미이다.
13 양류칭녠화(楊柳青年畫)란 '양류칭에서 나온 녠화'라는 의미이다.
14 피잉극(皮影戲)이란 중국 고유 형식의 그림자극을 말한다.

▪ 현대중국

2급 항목	교육 내용 및 목표	문화 요소 예시
지리	• 중국의 지리적 위치와 국가 개황에 대하여 이해한다. • 중국의 주요 명산대천의 이름과 지리적 위치에 대하여 이해한다. • 중국의 희귀 동물의 서식처와 특징에 대하여 이해한다.	◎국기 / 국가 / 수도 / 인구 / 민족 / 인민폐 ◎창장(長江) / 황허(黃河) / 시마라야산 ◎판다곰 / 짱링양(藏羚羊) / 진쓰허우(金絲猴)[15]
교육	• 중국의 초, 중, 고교의 일과 시간과 주요 교정 활동에 대하여 이해한다. • 중국의 초, 중, 고교의 교실 수업과 수업 이외의 활동의 내용과 특징에 대하여 이해한다. • 중국의 초, 중, 고교의 학생 수칙과 모범생의 표준에 대하여 이해한다.	◎일과 시간 / 국기 게양 / 휴식 시간 체조 / 아침 야간 자습 / 반회의 ◎숙제 / 취미 동아리 ◎학생수칙 / 싼하오 학생(三好學生)[16]
언어 문자	• 중국어와 한어 병음의 기본적 특징에 대하여 이해한다. • 한자 구조의 기본적 특징 및 쓰기 규칙에 대하여 이해한다.	◎중국어 / 한어 병음 ◎한자 / 한자 필획 / 필순 / 상형자

15 진쓰허우(金絲猴)는 황금색의 들창코 원숭이를 말한다.

16 싼하오 학생(三好學生)이란 '학교에서 지덕체를 갖춘 모범 학생'이라는 의미이다.

중급 중·고등학교

▪ 사회생활

2급 항목	교육 내용 및 목표	문화 요소 예시
음식	• 중국 지역 요리의 특징과 분포를 이해하고, 중국 음식의 다양성을 이해한다. • 중국인의 식탁 예절과 표현의 문화적 함의를 이해한다. • 중국인의 식생활 방식의 변화 및 영향을 미치는 요소에 대하여 이해한다.	• 4대 요리 계열 / 8대 요리 계열 / 지방 샤오츠(地方小吃) • 공용 젓가락 / 주문 순서 / 착석 순서 / 징차(敬茶)[1] • 패스트푸드 / 배달 / 미식 차트 / 학교 영양식 • 조리법 • 《혀끝으로 만나는 중국》
거주	• 중국 각지 민가의 특징과 분포에 대하여 이해하고, 중국인의 주거 방식의 다양성을 이해한다. • 중국 소수 민족의 주거 특징과 분포에 대하여 이해하고, 그 주거 특징과 환경 및 민족성의 관계에 대하여 이해한다. • 베이징 쓰허위안의 건축 특징과 문화적 내포에 대하여 이해한다.	• 쓰허위안(四合院)[2] / 북방 움집 / 푸젠투러우(福建土樓) / 완난민가(皖南民居) • 대나무 다락집 / 댜오러우(碉樓) / 멍구바오(蒙古包) • 베이징 쓰허위안(北京 四合院)
복장	• 중국인이 직장, 휴식, 명절 등의 상황에서 착용하는 복장의 특징에 대하여 이해하고, 중국인의 복장 방식의 다양성을 이해한다. • 중국 전통 복장의 색상과 디자인 방면의 주요 특징에 대하여 이해한다. • 중국 소수 민족 복장의 특징과 다양성을 이해한다.	• 정장/ 오피스룩 / 명절 복장 / 유행 패션 • 한푸(漢服) / 탕좡(唐裝) / 치파오 / 중산좡(中山裝) • 라란(蠟染) / 자수 / 묘족 머리 장식품
출행	• 중국인이 대중교통으로 사용하는 기본적인 상황에 대하여 이해한다. • 고속철도와 공용 자전거의 특징과 중국인 출행의 의미에 대하여 이해한다. • 중국인의 출행 방식과 도시 교통과의 관계에 대하여 이해한다.	• 철도 교통 / 고속철도 / 공용 자전거 / 왕웨처(網約車)[3] • 교통 정체 / 출퇴근 시간 교통 체증 / 교통정리
가정	• 중국의 기본 가정 구조를 이해하고 중국 가정 구조 유형의 다양성을 이해한다. • 중국 가정의 부모 자식 관계, 형제자매 관계의 특징에 대하여 이해한다. • 중국 가정 교육의 특징과 자식에 대한 부모의 기대에 대하여 이해한다.	• 삼대이통당(三代同堂) / 한부모 가정 / 4·2·1형 가정 / 딩크 가정 • 부모 자식 관계 / 형제자매 관계 / 친척 관계 • 엄부자모(嚴父慈母)[4] • 망자성룡(望子成龍)[5]

1 징차(敬茶)란 '손으로 다반을 받쳐 들고 차를 올리다'라는 의미이다.
2 쓰허위안(四合院)은 베이징의 전통적인 가옥을 말한다.
3 왕웨처(網約車)란 '인터넷이나 앱으로 예약해서 타는 차'를 가리킨다.
4 엄부자모(嚴父慈母)란 '엄한 아버지와 자애로운 어머니'라는 의미이다.
5 망자성룡(望子成龍)이란 '자녀가 훌륭한 인물이 되기를 바라다'라는 의미이다.

2급 항목	교육 내용 및 목표	문화 요소 예시
명절 및 기념일 경축	• 중국의 청명절, 단오절, 중추절의 풍속과 문화적 함의에 대하여 이해한다. • 중국인이 국경절을 경축하는 주요 활동과 문화적 함의에 대하여 이해한다. • 중국 소수 민족의 명절 풍속과 문화적 함의에 대하여 이해한다.	• 청명절 / 성묘 • 단오절 / 쭝쯔 / 용선 경기 / 중추절 / 월병 / 달맞이 • 국경절 / 황금주(黃金周) • 나다무(那達慕) / 포쉐이제(潑水節) / 훠바제(火把節)
여가 생활	• 중국인의 여가 오락 활동의 특징을 이해하고, 그 여가 방식의 다양성에 대하여 이해한다. • 중국 체육 활동인 무술, 중국 장기, 바둑, 탁구 등의 특징과 문화적 함의에 대하여 이해한다. • 중국인이 관광 휴가를 보내는 흔한 방식과 선호하는 명승고적에 대하여 이해한다.	• 회식 / 인터넷 서핑 / 노래방(KTV) / 무술 / 중국 장기 / 바둑 / 탁구 • 관광 휴가 / 5A급 관광지 • 여행 계획
소비	• 중국인이 쇼핑하는 주요 방식과 특징에 대하여 이해하고, 그 구매 방식의 다양성을 이해한다. • 중국 상품의 계량 단위에 대하여 이해한다. • 중국인의 쇼핑 습관의 특징에 대하여 이해한다.	• 슈퍼마켓 / 인터넷 쇼핑 / 생중계 / 농산물 시장 / 정기 시장 / 야시장 • 근(斤) / 량(兩) • 할인 / 가격 흥정 / 현금 / 모바일 결제 / 쯔푸바오(支付寶)
언어 교류	• 중국어의 예절 용어(존칭법)에 대하여 이해한다. • 중국어의 상호 소개와 인사말 방식에 대하여 이해한다. • 중국어의 사과를 나타내는 방식에 대하여 이해한다.	• "你를 높여 부르는 말 (您), 상대방에게 어떤 일 을 부탁하거나 권할 때 사용하는 경어(請), 일을 부탁하고 나서 혹은 부탁이나 양보를 청할 때 사용하는 겸양어(勞駕), 이름을 물어볼 때 사용하는 경어(貴姓)" 등의 예절 용어/ 겸양어와 경어 / 소개하기 / 인사하기 / 사과하기
비언어 교류	• 중국인의 각종 신체 언어의 특징과 예의 바른 행위에 대하여 이해한다. • 중국인이 상황에 따른 시간 관념과 예의 바른 행위에 대하여 이해한다. • 중국인의 모임 장소에서의 담화 거리와 예의 바른 행위에 대하여 이해한다.	• 얼굴 표정 / 눈빛 교류 / 손동작 / 자세 / 신체 접촉 • 시간 엄수 • 대화 거리
왕래 교류	• 중국인이 만날 때의 예의와 예의 바른 행위에 대하여 이해한다. • 중국인이 선물을 주고받는 문화와 예의 바른 행위에 대하여 이해한다. • 중국인의 예를 갖춰 양보하는 행위에 대하여 이해한다.	• 대면 예절 / 선물 문화 / 공공장소 예절 / 장유유서와 레이디 퍼스트
언어와 문화	• 중국어의 격언, 속어, 속담 표현의 문화적 관념에 대하여 이해한다. • 중국어의 성어, 우화 이야기 표현의 문화적 관념에 대하여 이해한다. • 중국어 인터넷 유행어와 그 함의에 대하여 이해한다.	• 가화만사성 / 삼인행필유아사(三人行必有我師)[6] / 중인습시화염고(衆人拾柴火焰高)[7] / 만초손, 겸수익(滿招損，謙受益)[8] • 포정해우(庖丁解牛)[9] / 발묘조장(拔苗助長)[10] / 섭공호룡(葉公好龍)[11] • 인터넷 유행어

6 삼인행필유아사(三人行必有我師)란 '세 사람이 길을 가면 그중 반드시 나의 스승이 있다'는 뜻이다.

7 중인습시화염고(衆人拾柴火焰高)란 '여러 사람이 힘을 합하면 힘이 더욱 커진다'라는 의미이다.

8 만초손겸수익(滿招損謙受益)이란 '교만하면 손해를 보고, 겸손하면 이익이 있다'라는 의미이다.

9 포정해우(庖丁解牛)란 '사물의 객관적인 규율을 꿰뚫으면 일을 능히 할 수 있다'라는 의미이다.

10 발묘조장(拔苗助長)이란 '일을 급하게 서두르다 오히려 그르치다'라는 의미이다.

11 섭공호룡(葉公好龍)이란 '겉으로는 좋아하는 듯 하지만 실제로는 그렇지 않다'라는 의미이다.

▪ 전통문화

2급 항목	교육 내용 및 목표	문화 요소 예시
역사	• 중국 역사의 주요 시기와 특징에 대하여 이해한다. • 중국의 대표적인 역사적 사건의 내용과 역사적 의미에 대하여 이해한다. • 중국의 중요한 역사적 인물의 공헌과 역사적 지위에 대하여 이해한다.	⊘ 고대사 / 근대사 / 현대사 ⊘ 진시황, 중국을 통일하다 / 한당대 태평성세 / 중국 공산당 성립 / 신중국 성립 ⊘ 진시황 / 당태종 / 징기스칸 / 쑨중산(孫中山)
문화유산	• 병마용의 특징과 역사 문화적 가치에 대하여 이해한다. • 태산과 황산의 위치와 특징 및 역사 문화적 가치에 대하여 이해한다. • 중국 문화유산과 관광 명소 간의 관계에 대하여 이해한다.	⊘ 진시황릉 / 병마용 ⊘ 태산(泰山) ⊘ 황산(黃山) ⊘ 문화 자연 유산
문학	• 당시와 송사의 정취와 예술의 특징을 이해하고 감상한다. • 《서유기》와《삼국연의》의 주제와 형상 및 예술적 특징을 이해하고 감상한다. • 중국 고전 문학과 역사 및 사회생활과의 관계에 대하여 이해한다.	⊘ 당시(唐詩) / 송사(宋詞) / 이백(李白) / 두보(杜甫) / 소동파(蘇東坡) ⊘《서유기》/ 손오공 / 당승취경(唐僧取經)[12] / 삼타백골정(三打白骨精) /《삼국연의》/ 조조(曹操) / 제갈량(諸葛亮) / 공성계(空城計) / 초선차전(草船借箭)
예술	• 중국 서예의 특징과 독특한 미적 감각에 대하여 이해한다. • 중국 경극 예술의 특징과 독특한 미적 감각에 대하여 이해한다. • 중국 고전 음악의 특징과 독특한 미적 감각에 대하여 이해한다. • 중국 민간 무도의 특징과 독특한 미적 감각에 대하여 이해한다.	⊘ 서예 자체 / 지묵필연[13] / 왕희지(王羲之) ⊘ 경극 / 롄푸(臉譜) / 생단정축(生旦淨丑) / 창염주타(唱念做打) / 메이란팡(梅蘭芳) ⊘ 얼후(二胡) / 피파(琵琶) /《이천영월》/《십면매복》 ⊘ 민간 무도 / 용춤 / 사자 춤 / 양거(秧歌)
철학	• 공자의 생애와 주요 사상 및 역사적 지위에 대하여 이해한다. • 노자의 생애와 주요 사상 및 역사적 지위에 대하여 이해한다. • 중국 전통 사상이 중국 문화에 미치는 영향에 대하여 이해한다.	⊘ 공자 / 맹자 /《논어》/ 유교무류(有教無類)[14] / 유붕자원방래(有朋自遠方來)[15] / 조화 ⊘ 노자 /《도덕경》/ 자연에 순응하는 사상 ⊘ 음양오행
발명	• 중국의 4대 발명의 시대와 특징에 대하여 이해하고, 그 세계 문명에 대한 공헌에 대하여 이해한다. • 중국 비단의 특징과 "실크 로드"와의 관계에 대하여 이해한다. • 중국 자기의 특징과 "해상 실크 로드"와의 관계에 대하여 이해한다.	⊘ 제지 / 나침반 / 인쇄술 / 화약 ⊘ "쓰궈(絲國)"의 유래 ⊘ "China"의 유래 / 청화 자기

▪ 현대중국

2급 항목	교육 내용 및 목표	문화 요소 예시
지리	• 중국 자연 지리의 개황과 주요 특징에 대하여 이해한다. • 중국 행정 구획의 개황과 주요 특징에 대하여 이해한다. • 중국 주요 도시의 특징과 중국에서의 지위에 대하여 이해한다.	⊘ 지대물박(地大物博) / 서고동저 / "무친허(母親河)" / 뚜렷한 사계절 ⊘ 성(省) / 직할시 / 자치구 / 특별행정구 ⊘ 베이징 / 상하이 / 선전(深圳) / 샹강(香港)

12 탕썽취징(唐僧取經)이란 '당나라 승려가 불경을 취하다'라는 의미이다.
13 지묵필연(紙墨筆硯)이란 '먹과 종이, 붓, 벼루'를 가리킨다.
14 유교무류(有教無類)란 '누구에게나 공평하게 교육을 실시하다'라는 의미이다.
15 유붕자원방래(有朋自遠方來)란 '벗이 있어 먼 곳으로부터 찾아 오다'라는 의미이다.

2급 항목	교육 내용 및 목표	문화 요소 예시
인구와 민족	• 중국 인구의 개황과 주요 특징에 대하여 이해한다. • 중국 민족의 개황과 소수 민족 분포의 특징에 대하여 이해한다. • 중국의 주요 소수 민족의 풍속과 풍토에 대하여 이해한다.	• 인구수 / 인구 분포 / 인구의 자질 / 기대 수명 • 소수 민족 인구 비율 / 소수 민족 지역 분포 • 장족(藏族) / 위구르족(維吾爾族) / 묘족(苗族) / 태족(傣族) / 소수 민족 풍토 / 중화 민족 공동체
정치	• 중국 정치 체제의 성격과 특징에 대하여 이해한다. • 중국 정부의 구조와 주요 기능에 대하여 이해한다. • 신중국 주요 지도자의 사상과 어록 및 정치적 영향에 대하여 이해한다.	• 중국 특색 사회주의 / 인민 대표 대회 제도 / 정치 협상 제도 • 국가 주석 / 중국 공산당 / 공산당 총서기 / 국무원 총리 • 마오쩌둥 / 덩샤오핑 / 시진핑
경제	• 중국 경제의 발전 단계와 이룬 성과에 대하여 이해한다. • 중국 경제 발전이 중국 인민의 생활 수준에 미친 영향에 대하여 이해한다. • 중국 경제 개방의 특징과 이룬 성과에 대하여 이해한다.	• 세계 제2의 경제 대국 / GDP / 1인당 GDP • 가정 수입 / 샤오캉 가정(小康家庭) / 중간 소득층 • 경제특구 / 자유 무역 지구 / 선전(深圳) 모델
교육	• 중국의 기초 교육과 의무 교육의 개황과 주요 특징에 대하여 이해한다. • 중국의 기초 교육이 교과 과정, 시험, 진학 등 방면에서 가지는 특징에 대하여 이해한다. • 중국의 기초 교육 단계의 학생 배양 목표에 대하여 이해한다.	• 초·중학교 학제 / 9년 의무 교육 • 필수 과목 / 선택 과목 / 고입 시험 / 대입 시험 • 학교생활 / 학생 동아리 • 전인 교육 / 덕지체미로 교육[16]
언어 문자	• 중국 보통화와 방언의 공통점과 차이점 및 방언 지역의 분포에 대하여 이해한다. • 한자 구조의 특징과 표의기능에 대하여 이해한다. • 번체자와 간체자의 관계와 사용 범위에 대하여 이해한다.	• 7대 방언 구역 / 북경 방언 / 광동 방언 • 표의 문자 / 편방 부수 / 조자법 / 형성자 / 회의자 / 지사자 / 번체자 / 간체자
문학예술	• 중국 당대의 대표적 문학 작품 및 그 예술적 특징을 이해하고 감상한다. • 중국 당대의 대표적 영화 및 그 예술적 특징을 이해하고 감상한다. • 중국 당대 음악의 대표적 작품 및 그 예술적 특징을 이해하고 감상한다.	• 루쉰(鲁迅) / 마오둔(矛盾) / 라오스어(老舍) / 바진(巴金) / 빙신(冰心) / 하이즈(海子) / 리우츠신(劉慈欣) / 리샤오룽(李小龍) / 청룽(成龍) • 쿵푸 영화 • 중국어 유행 음악
과학기술	• 중국 당대 과학 기술의 발전과 이룬 성과에 대하여 이해한다. • 중국 당대 뛰어난 과학자의 이야기와 주요 공헌에 대하여 이해한다. • 중국의 청소년이 과학 기술을 학습하는 특징과 태도에 대하여 이해한다.	• 양탄일성(兩彈一星) / 잡종 강세수도 / 칭하오쑤(青蒿素) • 첸쉐썬(錢學森) / 위안룽핑(袁隆平) / 투유유(屠呦呦) / 중난산(鍾南山)
미디어	• 중국의 주요 신문, 라디오, 텔레비전 방송국의 이름과 특징을 이해한다. • 중국 라디오 및 TV 방송의 내용과 시청자 방면의 특징 및 대표적인 프로그램에 대하여 이해한다. • 대중 매체가 중국 사회와 개인 생활에 미치는 영향에 대하여 이해한다.	• 인민일보 / 중앙 인민 라디오 방송국(CNR) / 중앙 텔레비전(CCTV) • 신원롄보(新聞聯播) / 종합 예능 프로그램 / 광고 • 아이돌 스타 / 팬
대외관계	• 중국과 외교 관계를 맺은 국가의 수와 지역적 분포를 이해한다. • 중국의 유엔에서의 국제적 위상과 국제적 사무 속에서의 역할에 대하여 이해한다. • 중외 우호 국가와 도시 간의 교류에 대한 일을 이해한다.	• 수교국 / 유엔 상임 이사국 / 자매 도시

16 덕지체미로(德智體美勞)교육이란 '도덕 교육(德育)과 지식 교육(智育), 체육 교육(體育), 정서 교육(美育),그리고 노동 교육(勞育)을 합한 교육'을 의미한다.

고급 대학 및 성인

▪ 사회생활

2급 항목	교육 내용 및 목표	문화 요소 예시
음식	• 중국인이 마시는 차의 종류와 차 마시는 풍속 방면의 특징과 다양성에 대하여 이해한다. • 중국인이 마시는 술의 종류와 술 마시는 풍속 방면의 특징과 다양성에 대하여 이해한다. • 중국인의 음식과 건강 관념 및 그 변화에 대하여 이해한다.	◦ 녹차 / 홍차 / 우롱차 / 다기 / 찻집 / 차 마시는 풍습 / 자오차(早茶) / 다도 ◦ 마오타이주(茅台酒) / 잔 올리기 / 술 권하기 ◦ 메디컬 푸드 / 식이 요법 / 채식 /절식 / 건강한 음식 이념
거주	• 중국인의 거주 방식의 주요 특징과 다양성에 대하여 이해한다. • 중국인의 거주 방식의 변화와 시대와의 관계에 대하여 이해한다. • 중국인의 거주 관념 및 그 변화에 대하여 이해한다.	◦ 주택 임대 / 주택 구매 / 보장성 주택 / 분양 주택 ◦ 주택 사용권과 재산권 ◦ 신혼집 / 주택 관념
복장	• 중국인의 패션 스타일링의 특징과 옷차림의 기본적 예의에 대하여 이해한다. • 중국인의 패션 스타일의 변화와 시대와의 관계에 대하여 이해한다. • 중국인의 패션 트렌드 의식과 미적 관념 및 그 변화에 대하여 이해한다.	◦ 패션 스타일링 / 옷차림 예절 ◦ 패션 트렌드 의식 / 미적 감각
출행	• 중국인의 출행 방식의 변화와 시대와의 관계에 대하여 이해한다. • 중국인의 출행 방식과 환경 보호와의 관계에 대하여 이해한다. • "춘윈"현상 및 그 문화적 함의에 대하여 이해한다.	◦ 자전거 왕국 / 자동차 대국 ◦ 신재생 에너지 자동차 ◦ 녹색출행 ◦ 춘윈(春運)
가정	• 중국인의 연애 방식의 특징과 배우자 선택 기준에 대하여 이해한다. • 중국인의 혼인 관계의 특징과 부부의 역할 분담에 대하여 이해한다. • 중국인의 혼인과 연애 관념과 가정에 대한 관념 및 그 변화에 대하여 이해한다.	◦ 맞선 / 랜선 연애 / 배우자 선택 기준 ◦ 결혼 / 예물, 혼수 / 부부 역할 / 이혼 ◦ 부양 방식 / 효도
명절 및 기념일 경축	• 중국인이 현대 공휴일을 기념하는 행위와 선호하는 것에 대하여 이해한다. • 중국인이 생애의 다양한 기념일을 축하하는 풍습과 문화적 함의에 대하여 이해한다. • 외국의 명절이나 기념일이 중국인의 경축 행위와 관념에 미치는 영향에 대하여 이해한다.	◦ 여성의 날 / 노동절 / 청년절 ◦ 법정 휴일 ◦ 졸업식 / 결혼식 / 생신 축하 / 장례식 ◦ 외국 기념일 (추수감사절, 어머니의 날, 발렌타인데이)의 영향
여가 생활	• 중국 전통과 현대 체육 활동의 특징과 다양성에 대하여 이해한다. • 중국인의 여가 활동의 새로운 경향으로 구현된 생활 이념에 대하여 이해한다. • 중국인의 여행 방식과 행위의 특징 및 문화적 함의에 대하여 이해한다.	◦ 태극권 / 현대 체육 운동 ◦ 광창우(廣場舞) / 건강 운동 ◦ 패키지 여행 / 자가 운전 여행 / 해외여행 / 여행 행위

2급 항목	교육 내용 및 목표	문화 요소 예시
소비	• 중국인의 인터넷 쇼핑의 특징과 인터넷이 소비에 미치는 영향에 대하여 이해한다. • 중국인의 소비 행위의 변화와 영향을 미치는 요소에 대하여 이해한다. • 중국인의 상표(브랜드) 의식과 소비 관념에 대하여 이해한다.	• 쇼핑의날 / 11월 11일 프로모션 할인 행사 / 공동 구매 / 가격 비교 / 할부 • 브랜드 의식 / 저축 재테크 / 절약 의식 / "과소비" 현상 / 웨광쭈(月光族)
취업	• 중국인의 구직 방식과 채용, 지원 등 방면의 특징에 대하여 이해한다. • 중국 직장의 급여 복지, 근무 환경, 기업 문화 등 방면의 특징에 대하여 이해한다. • 중국인의 직업 선택의 선호와 직업 선택 관념에 대하여 이해한다.	• 구직 루트 / 채용과 지원 • 급여 복지 / 초과 연장 근무 / 이직 • 인기 직종 / 공무원 / 프리랜서 / 창업 • 직업 선택 관념
언어 교류	• 중국어의 칭찬, 요청, 거절 등 언어 행위의 표현 방식과 예의 바른 행위에 대하여 이해한다. • 중국인의 언어 교류 스타일의 특징과 문화적 함의에 대하여 이해한다. • 중국어의 공손 원칙에 영향을 미치는 문화적 요소에 대하여 이해한다.	• 칭찬 / 요청 / 거절 • 간접 / 함축 / 완곡
비언어 교류	• 중국인의 시간 이용 방면의 특징과 예의 바른 행위에 대하여 이해한다. • 중국인의 공간 이용의 특징과 예의 바른 행위에 대하여 이해한다. • 중국인의 비언어적 요소의 특징과 예의 바른 행위에 대하여 이해한다.	• 시간 계획 / 예약 • 개인 영역 개념 / 자리 배열 • 음의 높이와 세기 / 뜻이 없는 소리(응, 이거,저거 등)
왕래 교류	• 중국인의 인간관계의 특징과 사람 간 교류의 예의 바른 행위에 대하여 이해한다. • 중국인의 사람 간 교류의 금기와 문화적 함의에 대하여 이해한다. • 중국인의 교류 유형에서 발현된 문화적 제약과 관념에 대하여 이해한다.	• 친구 관계 / 사제 관계 / 상하 관계 / 동료 관계 / 이웃 관계 / 정실 관계 • 사회적 금기 • 체면 / 례상왕래(禮尙往來)[1] / 우의 관념 / 계급 관념
언어와 문화	• 중국어의 해음 문화의 특징과 문화적 함의에 대하여 이해한다. • 중국어의 의미 문화의 특징과 문화적 함의에 대하여 이해한다. • 중국어의 화용 문화의 특징과 문화적 함의에 대하여 이해한다.	녠녠유위(連年有餘,蓮年有魚)[2] / 쑹중(送鍾, 送終)[3] • 결혼 축하주와 사탕 / 홍냥(紅娘) / 중용 • 자신을 낮추고 남을 존중하는 공손 원칙

▪ 전통문화

2급 항목	교육 내용 및 목표	문화 요소 예시
역사	• 중국의 역사 발전의 과정과 기본 맥락에 대하여 이해한다. • 중국의 중대한 역사적 사건의 배경과 내용 및 역사적 의미에 대하여 이해한다. • 중국의 역사 과정과 역사적 사건이 현대 중국에 미친 의미와 영향에 대하여 이해한다.	• 하상주 / 진한 / 삼국 양진 남북조 / 수당 오대십국 / 송원명청 • 한나라 "실크 로드" 개척 / 남북조 불교 성행 / 수·당시기 태평 성세 / 명나라 정화의 대항해 / 청나라 / 국가 영토의 형성 • 신해혁명 / 5·4운동 / 신문화운동 / 창정(長征)
문화유산	• 중국의 고대 유적의 특징과 출토 문물의 역사 문화적 가치에 대하여 이해한다. • 중국의 고대 건축의 특징과 문화적 함의에 대하여 이해한다. • 중국의 고대 원림의 특징과 문화적 함의에 대하여 이해한다.	• 은허(殷墟) / 청동기 / 허우무우딩(後母戊鼎) / 갑골문 • 4대 석굴 / 불교 예술 • 천단 / 치녠뎬(祈年殿) / 쑤저우 위안린(蘇州園林) / 정대누각(亭台樓閣)

1 례상왕래(禮尚往來)란 '예의 측면에서 오고 가는 것을 중요시하다'라는 의미이다.
2 녠녠유위(年年有餘)란 '해마다 풍요롭기를 기원하다'라는 의미이다.
3 쑹중(送鍾, 送終)은 '장례를 치르다'라는 의미이다.

2급 항목	교육 내용 및 목표	문화 요소 예시
문학	• 중국의 고전 시가의 정취와 예술의 특징 및 문학적 가치에 대하여 이해하고 감상한다. • 중국의 고전 소설의 주제와 인물과 예술의 특징 및 문학적 가치에 대하여 이해하고 감상한다. • 중국의 고전 문학과 시대적 관계 및 중국 문화에 미치는 영향에 대하여 이해한다.	• 《시경(詩經)》/《초사(楚辭)》/ 굴원(屈原) / 도연명(陶淵明) • 《홍루몽(紅樓夢)》/ 조설근(曹雪芹) / 임대옥(林黛玉) / 가보옥(賈寶玉) /《수호전(水滸傳)》/ 임충(林沖) / 무송타호(武松打虎)
예술	• 중국화 중 특히 수묵화의 예술적 특징과 대표 작품에 대하여 이해하고 감상한다. • 중국 지방 전통극의 예술적 특징과 대표 작품에 대하여 이해하고 감상한다. • 중국 고전 음악의 예술적 특징과 대표 작품에 대하여 이해하고 감상한다. • 중국 고전 무용의 예술적 특징과 대표 작품에 대하여 이해하고 감상한다.	• 중국화(中國畫) / 산수화조화(山水花鳥畫) • 《청명상하도(清明上河圖)》/ 오도자(吳道子) / 치바이스(齊白石) • 쿤취(昆曲) /《무단팅(牡丹亭)》/ 촨쥐(川劇) / 변검(變臉) • 고금(古琴) /《고산유수(高山流水)》 • 고전 무용 /《천수관음(千手觀音)》
철학	• 유가 사상의 주요 내용과 역사적 발전 및 그 영향에 대하여 이해한다. • 도가 사상의 주요 내용과 역사적 발전 및 그 영향에 대하여 이해한다. • 전통 철학 사상이 중국 문화와 사회생활에 미치는 영향에 대하여 이해한다.	• 공자와 맹자 사상 / 충서지도 / 인과 어진 정치 / 성선설 / 사서오경 / 주희(朱熹) / 왕양명(王陽明) • 《노자》/《장자》/ 도법자연(道法自然) / 무위이치(無爲而治) • 이인위본(以人爲本)[4] / 천인합일(天人合一)[5] / 입세와 출세(人世與出世) / 전통 미덕
종교	• 중국 불교의 주요 신앙과 문화적 함의에 대하여 이해한다. • 도교와 기타 민간 종교의 주요 신앙과 문화적 함의에 대하여 이해한다. • 전통 종교 신앙이 중국 문화와 사회생활에 미치는 영향에 대하여 이해한다.	• 중국 불교 / 선종 / 윤회 / 자비 • 도교 / 장생불로(長生不老)[6] / 제세구인(濟世救人)[7] • 마주(媽祖) / 조상 숭배 / 제사
발명	• 중국 전통 의학이 병리 진단과 치료 방면에서 나타나는 특징과 치료 효과 및 이념에 대하여 이해한다. • 중국의 고대 농업 발명의 특징 및 중국 역사와 사회에 미치는 영향에 대하여 이해한다. • 중국 고대 수리 공사의 특징 및 농업과 수리에 미치는 영향에 대하여 이해한다.	• 중의(中醫) / 중국 전통 의약 / 침술 / 안마 / 부항 / 과사(刮痧) / 망문문절(望聞問切) / 경락 / 정체 관념과 변증론치 • 벼 재배 / 양잠 /《농정전서(農政全書)》 • 두쟝옌(都江堰) • 경항대운하 / 조운 (漕運)
중외 교류	• 역사상 중국 대외 교류의 주요 사건 및 역사적 역할에 대하여 이해한다. • 역사상 외국 문화의 유입과 중국 문화에 미치는 영향에 대하여 이해한다. • 역사상 중국 문화의 해외 전파와 세계 문명에 대한 공헌에 대하여 이해한다	• 실크 로드 / 불교 유입 • 견당사 / 감진동도 • 마르코 폴로 / 해상 "실크 로드" • 동학서점[8] / 서학동점[9] • 한자 문화권

4 이인위본(以人爲本)이란 '인간을 만물의 근본으로 삼다'는 의미이다.

5 천인합일(天人合一)이란 '하늘과 사람이 일체이다'는 의미이다.

6 장생불로(長生不老)란 '오래오래 늙지 않고 살다'는 의미이다.

7 제세구인(濟世救人)이란 '세상 사람을 구제한다'는 의미이다.

8 동학서점(東學西漸)이란 '동양의 학문이 서양으로 전파되다'라는 의미이다.

9 서학동점(西學東漸)이란 '서학의 학문이 동양으로 전파되다'라는 의미이다.

▪ 현대중국

2급 항목	교육 내용 및 목표	문화 요소 예시
지리	• 중국의 경제 구역의 특징과 분포를 이해하고, 경제 발전의 다양성과 불균형성에 대하여 이해한다. • 지리 환경이 중국 문화와 국민성에 미치는 영향에 대하여 이해한다. • 중국의 환경 보호가 직면한 도전과 대응 조치에 대하여 이해한다.	⊘ 4대 경제 구역 / 3대 경제권 / 1선, 2선, 3선 도시 ⊘ 토지 자원 보호 / 대기 오염과 예방 퇴치 / 수자원 보호 ⊘ 신에너지 / 이산화탄소 배출량 감축 / 저탄소 생활
인구와 민족	• 중국의 인구 유동의 추세와 영향을 미치는 요소에 대하여 이해한다. • 중국 인구 정책의 변화와 국가 정세의 관계에 대하여 이해한다. • 중국의 민족 관계의 특징과 민족 정책의 실행에 대하여 이해한다.	⊘ 농민 노동자 / 이민 / 해외 화교 ⊘ 두 자녀, 세 자녀 정책 / 노령화 사회 대응 ⊘ 민족 평등 / 민족 단결 / 민족 지역 자치 / 소수 민족 특혜 정책
정치	• 중국의 사법 제도의 특징과 사회생활에 미치는 영향에 대하여 이해한다. • 중국의 국가 통치 방침과 조치 및 거둔 성과에 대하여 이해한다. • 중국의 정치 이념 및 국가 발전과 사회생활에 미치는 의미에 대하여 이해한다.	⊘ 헌법 /《민법전》/ 공젠파(公檢法)[10] / 파출소 ⊘ 개혁 개방 / 빈곤 탈피 및 감소 / 신농촌 건설 / 생태 문명 건설 / 의법치국(依法治國) / 반부창렴(反腐倡廉)[11] ⊘ 중국몽(中國夢) / 샤오캉 사회(小康社會) / 공동 부유 / 사회주의 핵심 가치관
경제	• 중국의 경제 체제의 성격과 산업 구조의 특징에 대하여 이해한다. • 중국의 대외 경제 협력 교류의 주요 사건 및 의미에 대하여 이해한다. • 중국 경제와 세계 경제의 관계와 상호적인 영향에 대하여 이해한다.	⊘ 사회주의 시장 경제 / 공유제 경제 ⊘ 제1, 제2, 제3 산업 / 국영기업 / 사기업 / 외국기업 ⊘ "중국제조 (中國制造)" / "중국지조 (中國智造)" / "일대일로(一帶一路)" 제안 /《역내 포괄적 경제동반자 협정》(RCEP)
사회 보장	• 중국의 의료 보험 제도의 특징과 국민 생활에 미치는 영향에 대하여 이해한다. • 중국의 퇴직 양로 제도의 특징과 인민 생활에 미치는 영향에 대하여 이해한다. • 중국 사회 복지 제도의 특징과 인민 생활에 미치는 영향에 대하여 이해한다. • 중국의 여성 권익 보장의 특징과 성평등에 미치는 영향에 대하여 이해한다.	⊘ 도시와 농촌의 의료 보험 / 국비 의료 ⊘ 퇴직금 / 정년연장 ⊘ 빈곤선(貧困線) / 최저 생활 보장 / 다섯 가지 보험과 한 가지 기금 / 장애인 권익 보장 ⊘ 여성 권익 보장 / 법정 출산 휴가 / 성평등
교육	• 중국의 고등 교육의 기본 개황에 대하여 이해한다. • 중국의 고등 교육 단계의 교육 이념과 인재 양성 목표에 대하여 이해한다. • 중국의 교육 개혁과 창신의 특징과 미래 발전 방향에 대하여 이해한다.	⊘ 대학생, 대학원생 교육 / 유명 대학 / 대학원 입시 / 학생 모집 / 전공과 교육 과정 ⊘ 교육 이념 / 인재 양성 목표 ⊘ 대학 입시 개혁 / 교육 과정 개편 ⊘ 원격 교육 / 무크(MOOC)
언어 문자	• 중국어의 음운, 어휘, 문법 등 방면의 주요 특징에 대하여 이해한다. • 중국의 언어 정책과 시행 상황에 대하여 이해한다. • 중국어의 해외 사용과 전파의 특징 및 의의에 대하여 이해한다.	⊘ 성조 / 양사(量詞) / 음률 ⊘《중국어 병음 방안》/ 보통화의 보급 / 소수 민족 언어와 방언의 보호 ⊘ 해외 중국어 / 중국어 전파 / 외국인의 중국어 학습

10 공젠파(公檢法)이란 '공안국과 검찰청, 법원을 합쳐 줄인 말'이다.

11 반부창렴(反腐倡廉)이란 '부패에 반대하고 청렴을 제창하다'라는 의미이다.

2급 항목	교육 내용 및 목표	문화 요소 예시
문학예술	• 중국의 현당대 저명 작가의 대표작 및 그 예술적 특징에 대하여 이해하고 감상한다. • 중국의 현당대 대표적 영화와 드라마 및 그 예술적 특징에 대하여 이해하고 감상한다. • 중국 현당대의 대표적인 음악 작품 및 그 예술적 특징에 대하여 이해하고 감상한다. • 중국의 현당대 문학, 영상물과 시대, 사회생활의 관계에 대하여 이해한다.	• 루쉰(魯迅) /《납함(吶喊)》/《아큐정전(阿Q正傳)》/ 차오위(曹禺) /《뇌우(雷雨)》/ 라오서(老舍) /《찻집(茶館)》/《낙타상자(駱駝祥子)》/ 스티에성(史鐵生) /《나와 디탄(我與地壇)》 •《패왕별희(霸王別姬)》/ 역사극 / 가정 윤리극 •《황하대합창(黃河大合唱)》/《양산백과 축영대(梁山伯與祝英台)》
과학기술	• 중국 당대 과학 기술의 발전과 최신 성과에 대하여 이해한다. • 중국 과학 기술 발전의 정책과 인재 양성의 조치에 대하여 이해한다. • 과학 기술 발전이 중국 경제와 사회생활에 미치는 영향에 대하여 이해한다.	• 슈퍼 컴퓨터 / 5G 통신 / 베이더(北鬥)우측위위성 / "묵자호(墨子號)" 양자위성 • 과교흥국(科教興國)[12] / 과학 기술 인재의 유치와 양성
미디어	• 중국의 주요 인터넷 웹 사이트와 뉴미디어의 특징에 대하여 이해한다. • 중국의 뉴미디어와 1인 미디어가 중국 사회생활에 미치는 영향에 대하여 이해한다. • 대중 매체가 정보 전달과 여론 동향에 미치는 영향에 대하여 이해한다.	• 웹 사이트 / 시나닷컴(新浪) / 바이두(百度) • 1인 미디어 / 블로그 / 위챗 • 스트리밍 미디어 / 디지털 텔레비전 • 네티즌 / 정보 전달 / 여론
대외 교류	• 중국과 세계 강대국, 중국과 주변국의 관계적 특징과 세계에 미치는 영향에 대하여 이해한다. • 중국의 외교 원칙과 외교 정책에 대하여 이해한다. • 중국 대외 교류의 이념과 현황 및 발전 방향에 대하여 이해한다.	• 중국과 세계 강대국 관계 / 중국과 주변국 관계 / 외교 5항 기본 원칙 / "하나의 중국"정책 / 인류 운명 공동체 / 문명 교류 및 상호학습 / 중외 협력 학교 설립 / 공자아카데미

12 과교흥국(科教興國)이란 '과학과 교육으로 국가를 부흥시키다'라는 의미이다.

初级（小学）

▪ 社会生活

二级项目	教学内容和目标	文化点举例
饮食	· 识别中国人日常饮食的主要食物和口味偏好。 · 了解中国人使用筷子的方法和合餐的习惯。 · 了解饺子、北京烤鸭、火锅等中国饮食的特点。	● 一日三餐 / 主食 / 炒菜 / 饺子 / 面条 / 包子 / 豆浆 ● 筷子 / 合餐 ● 北京烤鸭 / 火锅 ● 色香味
居住	· 识别中国人典型的住房类型和地区分布。 · 了解中国人住房环境和室内布局的特点。 · 了解中国人日常起居的特点。	● 平房 / 楼房 / 别墅 ● 院子 / 小区 / 村庄 ● 卧室 / 客厅 / 中式家具 ● 午睡
衣着	· 识别中式服装在颜色和款式等方面的特点。 · 了解中国人日常衣着的主要类型和特点。 · 了解中国中小学生校园着装规范。	● 工作服 / 休闲服 / 运动服 ● 中式服装 ● 校服 / 校园着装规范
出行	· 识别中国人日常出行的主要交通工具。 · 了解中国学生上学的主要交通方式。 · 了解中国基本的交通标志和交通规则。	● 自行车 / 公交车 / 地铁 /私家车 / 出租车 / 校车 ● 红绿灯 / 靠右行驶 / 斑马线 / 礼让行人
家庭	· 了解中国家庭的人口数量和家庭成员之间的称谓。 · 了解中国家庭生活中的角色关系。 · 理解中国家庭尊老爱幼的特点和观念。	● 家庭人口 / 亲属称谓 ● 家庭角色 / 家长 / 家务分工 ● 家风 / 尊老爱幼
节庆	· 了解中国春节的主要习俗和文化含义。 · 了解中国人庆祝生日的习俗和文化含义。 · 了解十二生肖。	● 春节 / 年夜饭 / 放鞭炮 / 压岁钱 ● 过生日 / 周岁礼 ● 周岁和虚岁 / 属相
休闲	· 了解中国儿童主要休闲娱乐活动。 · 了解中国儿童游戏和体育活动的类型和特点。 · 理解中国儿童对休闲娱乐活动的偏好及其原因。	● 游乐园 / 益智游戏 / 动画片 ● 放风筝 / 拼七巧板 / 老鹰捉小鸡 ● 功夫 / 体育活动
语言交际	· 了解中国人称呼的礼貌用语和使用场合。 · 了解中国人打招呼、感谢、告别的礼貌用语。 · 理解中国人社交时使用亲属称谓的特点和原因。	● “先生、老师、叔叔、阿姨、爷爷、奶奶”等非亲属称谓用法 ● 打招呼 / 感谢 / 告别
非语言交际	· 了解中国人常用体态语的特点和得体行为。 · 了解中国校园常用体态语的特点和得体行为。	● 鞠躬 / 握手 / 敬礼 / 拱手礼 / 微笑 / 数字的手势 / 坐姿和站姿 / 举手和起立
交往	· 了解中国人见面的礼节和得体行为。 · 了解中国人问候的礼节和得体行为。 · 了解中国人公共场所的文明行为。	● 见面礼节 / 问候礼仪 ● 排队
语言与文化	· 理解中文吉祥数字词的象征含义。 · 理解中文红色等颜色词的象征含义。 · 理解中文动植物词特别是“龙”的象征含义。	● 双数词 / 四、六、八等数字词 ● 红色 / 黄色 ● 龙 / 狗 / 牛 / 乌龟 /蝙蝠 ● 梅兰竹菊

▪ 传统文化

二级项目	教学内容和目标	文化点举例
文化遗产	· 了解长城的位置和特点，理解长城的价值。 · 了解故宫的位置和特点，理解故宫的价值。 · 了解布达拉宫的位置和特点及相关历史故事。	● 长城 / 山海关 / 八达岭 ● 北京故宫 / 天安门 ● 布达拉宫 / 文成公主
文学	· 了解中国著名的神话传说故事，理解其文化含义。 · 了解中国著名的成语寓言故事，理解其文化含义。 · 了解中国著名的民间传说故事，理解其文化含义。	● 女娲补天 / 盘古开天地 / 仓颉造字 / 大禹治水 ● 愚公移山 / 守株待兔 ● 牛郎织女 / 木兰从军
艺术	· 了解中国剪纸和年画的艺术特点和与春节习俗的联系。 · 了解并欣赏中国皮影戏的道具和表演艺术的特点。 · 了解并学唱中国著名的儿歌和民歌。	● 剪纸 / 窗花 ● 年画 / 杨柳青年画 ● 皮影道具 / 皮影表演 ●《茉莉花》/《找朋友》/《丢手绢》
发明	· 了解中国农历和二十四节气的时间和特点。 · 了解二十四节气与气候、农耕、节日的联系。 · 了解珠算的特点和使用算盘的方法。	● 农历 / 二十四节气 / 节气民俗 ● 珠算 / 算盘 / 乘法口诀

▪ 当代中国

二级项目	教学内容和目标	文化点举例
地理	· 了解中国的地理位置和国家概况。 · 了解中国主要名山大川的名字和地理位置。 · 了解大熊猫等中国珍稀动物的栖息地和特点。	● 国旗 / 国歌 / 首都 / 人口 / 民族 / 人民币 ● 长江 / 黄河 / 喜马拉雅山 ● 大熊猫 / 藏羚羊 / 金丝猴
教育	· 了解中国中小学的学校作息时间和主要校园活动。 · 了解中国中小学生课堂学习和课外活动的内容和特点。 · 理解中国中小学的学生守则和好学生的标准。	● 作息时间 / 升国旗 / 课间操 / 早、晚自习 / 班会 ● 作业 / 兴趣小组 ● 学生守则 / 三好学生
语言文字	· 了解汉语和汉语拼音的基本特点。 · 了解汉字结构的基本特点和书写规则。	● 汉语 / 汉语拼音 ● 汉字 / 汉字笔画 / 笔顺 / 象形字

中级（中学）

▪ 社会生活

二级项目	教学内容和目标	文化点举例
饮食	· 了解中国地方菜系的特点和分布，理解中国饮食的多样性。 · 了解中国人的餐桌礼仪和表达的文化含义。 · 理解中国人饮食方式的变化及影响因素。	● 四大菜系 / 八大菜系 / 地方小吃 ● 公筷 / 点菜顺序 / 入座顺序 / 敬茶 ● 快餐 / 外卖 / 美食榜单 / 学校营养餐 ● 烹饪方法 ●《舌尖上的中国》
居住	· 了解中国各地民居的特点和分布，理解中国人居住方式的多样性。 · 了解中国少数民族民居的特点和分布，理解其居住特点与环境和民族性的关系。 · 理解北京四合院的建筑特点和文化内涵。	● 四合院 / 北方窑洞 / 福建土楼 / 皖南民居 ● 竹楼 / 碉楼 / 蒙古包 ● 北京四合院
衣着	· 了解中国人在工作、休闲、节日等场合的衣着特点，理解中国人衣着方式的多样性。 · 了解中国传统服饰在颜色和款式方面的主要特点。 · 了解中国少数民族服饰的特点和多样性。	● 正装 / 职业装 / 节日服装 / 流行服装 ● 汉服 / 唐装 / 旗袍 / 中山装 ● 蜡染 / 刺绣 / 苗族头饰
出行	· 了解中国人使用公共交通工具的基本情况。 · 理解高铁和共享单车的特点和对中国人出行的意义。 · 理解中国人出行方式与城市交通的关系。	● 轨道交通 / 高铁 / 共享单车 / 网约车 ● 交通拥堵 / 早、晚高峰 / 交通治理
家庭	· 了解中国的基本家庭结构，理解中国家庭结构模式的多样性。 · 了解中国家庭亲子关系、兄弟姐妹关系的特点。 · 理解中国家庭教育的特点和父母对孩子的期待。	● 三代同堂 / 单亲家庭 / "四二一"家庭 / 丁克家庭 ● 亲子关系 / 兄弟姐妹关系 / 亲戚关系 ● 严父慈母 ● 望子成龙
节庆	· 了解中国清明节、端午节、中秋节的习俗和文化含义。 · 了解中国人庆祝国庆节的主要活动和文化含义。 · 了解中国少数民族节日的习俗和文化含义。	● 清明节 / 扫墓 ● 端午节 / 粽子 / 划龙舟 ● 中秋节 / 月饼 / 赏月 ● 国庆节 / 黄金周 ● 那达慕 / 泼水节 / 火把节
休闲	· 了解中国人休闲娱乐活动的特点，理解其休闲方式的多样性。 · 了解中国体育活动如武术、中国象棋、围棋、乒乓球等的特点和文化含义。 · 理解中国人观光度假的常见方式和喜爱的名胜古迹。	● 聚餐 / 上网 / KTV / 武术/ 中国象棋 / 围棋 / 乒乓球 ● 观光度假 / 5A 景区 ● 旅游攻略
消费	· 了解中国人购物的主要方式和特点，理解其购物方式的多样性。 · 了解中国商品的计量单位。 · 了解中国人购物习惯的特点。	● 超市 / 网购 / 直播 / 农贸市场 / 集市 / 夜市 ● 斤 / 两 ● 打折 / 讨价还价 / 现金 / 移动支付 / 支付宝

二级项目	教学内容和目标	文化点举例
语言交际	· 了解中文的礼貌用语。 · 了解中文互相介绍和寒暄的方式。 · 了解中文表示道歉的方式。	● “您、请、劳驾、贵姓”等礼貌用语 / 谦称和尊称 / 介绍 / 寒暄 / 道歉
非语言交际	· 了解中国人各种体态语的特点和得体行为。 · 了解中国人在不同场合的准时观念和得体行为。 · 了解中国人在社交场合的谈话距离和得体行为。	● 面部表情 / 眼神交流 / 手势 / 姿势 / 身体接触 ● 准时 ● 谈话距离
交往	· 了解中国人见面的礼节和得体行为。 · 了解中国人送礼的习俗和得体行为。 · 了解中国人礼让的行为。	● 见面礼节 / 送礼习俗 / 公共场所礼让 / 长辈优先与女士优先
语言与文化	· 理解中文格言、谚语、俗语表达的文化观念。 · 理解中文成语、寓言故事表达的文化观念。 · 理解中文的网络流行语及含义。	● 家和万事兴 / 三人行必有我师 / 众人拾柴火焰高 / 满招损，谦受益 ● 庖丁解牛 / 拔苗助长 / 叶公好龙 ● 网络流行语

▪ 传统文化

二级项目	教学内容和目标	文化点举例
历史	· 了解中国历史的主要分期和特点。 · 了解中国标志性的历史事件的内容和历史意义。 · 了解中国重要的历史人物的贡献和历史地位。	● 古代史 / 近代史 / 现代史 ● 秦始皇统一中国 / 汉唐盛世 / 中国共产党成立 / 新中国成立 ● 秦始皇 / 唐太宗 / 成吉思汗 / 孙中山
文化遗产	· 了解兵马俑的特点和历史文化价值。 · 了解泰山和黄山的位置、特点和历史文化价值。 · 理解中国文化遗产与旅游的名胜古迹之间的关系。	● 秦始皇陵 / 兵马俑 ● 泰山 ● 黄山 ● 文化自然遗产
文学	· 了解并欣赏唐诗、宋词的意境和艺术的特点。 · 了解并欣赏《西游记》和《三国演义》的主题、形象和艺术的特点。 · 理解中国古典文学与历史和社会生活的关系。	● 唐诗 / 宋词 / 李白 / 杜 甫 / 苏东坡 ● 《西游记》/ 孙悟空 / 唐僧取经 / 三打白骨精 /《三国演义》/ 曹操 / 诸葛亮 / 空城计 / 草船借箭
艺术	· 了解并欣赏中国书法艺术的特点和独特美感。 · 了解并欣赏中国京剧艺术的特点和独特美感。 · 了解并欣赏中国古典音乐的特点和独特美感。 · 了解并欣赏中国民间舞蹈的特点和独特美感。	● 书法字体 / 纸墨笔砚 / 王羲之 ● 京剧 / 脸谱 / 生旦净丑 / 唱念做打 / 梅兰芳 ● 二胡 / 琵琶 / 泉映月》/《十面埋伏》 ● 民间舞蹈 / 龙舞 / 狮舞 / 秧歌
哲学	· 了解孔子的生平、主要思想和历史地位。 · 了解老子的生平、主要思想和历史地位。 · 理解中国传统思想对中国文化的影响。	● 孔子 / 孟子 /《论语》/ 有教无类 / 有明自远方来 / 和谐 ● 老子 /《道德经》/ 顺应自然的思想 ● 阴阳五行
发明	· 了解中国四大发明的年代和特点，理解其对世界文明的贡献。 · 了解中国丝绸的特点和与“丝绸之路”的关系。 · 了解中国瓷器的特点和与“海上丝绸之路”的关系。	● 造纸 / 指南针 / 印刷术 / 火药 ● “丝国”的来历 ● “China”的来历 / 青花瓷

▪ 当代中国

二级项目	教学内容和目标	文化点举例
地理	· 了解中国自然地理的概况和主要特点。 · 了解中国行政区划的概况和主要特点。 · 了解中国重要城市的特点和在中国的地位。	地大物博 / 西高东低 / “母亲河” / 四季分明 省 / 直辖市 / 自治区 / 特别行政区 北京 / 上海 / 深圳 / 香港
人口与民族	· 了解中国人口的概况和主要特点。 · 了解中国民族的概况和少数民族分布的特点。 · 了解中国主要少数民族的习俗和风情。	人口数量 / 人口分布 / 人口素质 / 预期寿命 少数民族人口比例 / 少数民族地区分布 藏族 / 维吾尔族 / 苗族 / 傣族 / 少数民族风情 / 中华民族共同体
政治	· 了解中国政治体制的性质和特点。 · 了解中国政府的结构和主要职能。 · 了解新中国重要领导人的思想、语录和政治影响。	中国特色的社会主义 / 人民代表大会制度 / 政治协商制度 国家主席 / 中国共产党 / 共产党总书记 / 国务院总理 毛泽东 / 邓小平 / 习近平
经济	· 了解中国经济的发展阶段和取得的成就。 · 了解中国经济发展对中国人民生活水平的影响。 · 了解中国经济开放的特点和取得的成就。	世界第二经济大国 / GDP / 人均GDP 家庭收入 / 小康家庭 / 中等收入 经济特区 / 自贸区 / 深圳模式
教育	· 了解中国基础教育和义务教育的概况和主要特点。 · 了解中国基础教育在课程、考试、升学等方面的特点。 · 理解中国基础教育阶段的学生培养目标。	中小学学制 / 九年义务教育 必修课 / 选修课 / 中考 / 高考 校园生活 / 学生社团 素质教育 / 德智体美劳
语言文字	· 了解中文普通话和方言的异同及方言区的分布。 · 了解汉字结构的特点和表意的功能。 · 了解繁体字和简化字的关系和使用范围。	七大方言区 / 北京话 / 广东话 表意文字 / 偏旁部首 / 造字法 / 形声字 / 会意字 / 指示字 / 繁体字 / 简化字
文学艺术	· 了解并欣赏中国现当代的代表性文学作品及其艺术特色。 · 了解并欣赏中国当代的代表性电影及其艺术特色。 · 了解并欣赏中国当代音乐的代表性作品及其艺术特色。	鲁迅 / 茅盾 / 老舍 / 巴金 / 冰心 / 海子 / 刘慈欣 / 李小龙 / 成龙 功夫片 华语流行音乐
科技	· 了解中国当代科技的发展和取得的成就。 · 了解中国当代杰出科学家的故事和主要贡献。 · 理解中国青少年学习科技的特点和态度。	两弹一星 / 杂交水稻 / 青蒿素 钱学森 / 袁隆平 / 屠呦呦 / 钟南山
传媒	· 了解中国主要报纸、广播、电视台的名字和特点。 · 了解中国广播电视在内容和受众方面的特点及代表性节目。 · 理解大众传媒对中国社会和个人生活的影响。	人民日报 / 中央人民广播电台 / 中央电视台 新闻联播 / 综艺节目 / 广告 明星偶像 / 粉丝
对外关系	· 了解与中国建交国家的数量和地区分布。 · 了解中国在联合国的地位和在国际事务中的角色。 · 了解中外友好国家和城市交流往来的故事。	建交国家 / 联合国常任理事国 / 友好城市

高级（大学及成人卷）

▪ 社会生活

二级项目	教学内容和目标	文化点举例
饮食	· 了解中国人在饮茶种类和饮茶习俗方面的特点和多样性。 · 了解中国人在饮酒种类和饮酒习俗方面的特点和多样性。 · 理解中国人饮食和健康观念及其变化。	◉ 绿茶 / 红茶 / 乌龙茶 / 茶具 / 茶馆 / 饮茶习俗 / 早茶 / 茶道 ◉ 茅台酒 / 敬酒劝酒 ◉ 药膳 / 食疗 / 素食 / 节食 / 健康饮食观念
居住	· 了解中国人居住方式的主要特点和多样性。 · 理解中国人居住方式的变化和与时代的关系。 · 理解中国人的居住观念及其变化。	◉ 租房 / 购房 / 保障性住房 / 商品房 ◉ 房屋使用权和产权 ◉ 婚房 / 住房观念
衣着	· 了解中国人服饰搭配的特点和着装基本礼仪。 · 理解中国人衣着风格的变化和与时代的关系。 · 理解中国人的时尚意识和审美观念及其变化。	◉ 服饰搭配 / 着装礼仪 ◉ 时尚意识 / 审美观
出行	· 理解中国人出行方式的变化和与时代的关系。 · 理解中国人出行方式与环境保护的关系。 · 理解"春运"现象及其文化内涵。	◉ 自行车王国/ 汽车大国 ◉ 新能源汽车 ◉ 绿色出行 ◉ 春运
家庭	· 理解中国人恋爱方式的特点和择偶的标准。 · 理解中国人婚姻关系的特点和夫妻角色的分工。 · 理解中国人婚恋观念和家庭观念及其变化。	◉ 相亲 / 网恋 / 择偶标准 ◉ 结婚 / 彩礼、嫁妆 / 夫妻角色 / 离婚 ◉ 赡养方式 /孝顺
节庆	· 了解中国人庆祝现代节假日的行为和偏好。 · 理解中国人人生庆典方面的习俗和文化内涵。 · 理解外国节日对中国人节庆行为和观念的影响。	◉ 妇女节 / 劳动节 / 青年节 ◉ 法定节假日 ◉ 毕业典礼 / 婚礼 / 祝寿 / 葬礼 ◉ 外国节日（感恩节、母亲节、情人节）的影响
休闲	· 了解中国传统和现代体育活动的特点和多样性。 · 理解中国人休闲活动新趋势所体现的生活理念。 · 理解中国人旅游方式和行为的特点及其文化内涵。	◉ 太极拳/ 现代体育运动 ◉ 广场舞/ 健身活动 ◉ 跟团游 / 自驾游 / 出境游 / 旅游行为
消费	· 了解中国人网购的特点和互联网对消费的影响。 · 理解中国人消费行为的变化和影响因素。 · 理解中国人的品牌意识和消费观念。	◉ 购物节 / 双 11 促销优惠 / 团购 / 货比三家 / 分期付款 ◉ 品牌意识 / 储蓄理财 / 节俭意识 / "超前消费"现象 / 月光族
就业	· 了解中国人求职方式和招聘、应聘等方面的特点。 · 了解中国职场在薪金待遇、工作环境、企业文化等方面的特点。 · 理解中国人职业选择的偏好和择业观念。	◉ 求职渠道/ 招聘和应聘 ◉ 薪金待遇 / 加班 / 跳槽 ◉ 受欢迎的职业 / 公务员 /自由职业者 / 创业 ◉ 择业观念

二级项目	教学内容和目标	文化点举例
语言交际	· 了解中文称赞、请求、拒绝等言语行为的表达方式和得体行为。 · 理解中国人语言交际风格的特点和文化内涵。 · 理解影响中文礼貌原则的文化因素。	· 称赞 / 请求 / 拒绝 · 间接/ 含蓄 / 委婉
非语言交际	· 了解中国人时间利用方面的特点和得体行为。 · 了解中国人空间利用方面的特点和得体行为。 · 了解中国人副语言的特点和得体行为。	· 时间规划 / 预约 · 个人领域概念 / 座位排列 · 音高音量 / 无词义发音 (嗯、这个、那个等)
交往	· 了解中国人际关系的特点和人际交往的得体行为。 · 理解中国人际交往的禁忌和文化涵义。 · 理解中国人交往模式体现的文化规约和观念。	· 朋友关系 / 师生关系 / 上下级关系 / 同事关系 / 邻里关系 / 人情关系 · 社交禁忌 · 面子 / 礼尚往来 / 友谊观念 / 等级观念
语言与文化	· 理解中文谐音文化的特点和文化内涵。 · 理解中文语义文化的特点和文化内涵。 · 理解中文语用文化的特点和文化内涵。	· 连 (莲) 年有余 (鱼) / 送钟 (送终) · 喜酒喜糖 / 红娘 / 中庸 · 贬己尊人的礼貌原则

▪ 传统文化

二级项目	教学内容和目标	文化点举例
历史	· 了解中国历史发展的进程和基本脉络。 · 理解中国重大历史事件的背景、内容和历史意义。 · 理解中国历史进程和历史事件对现代中国的意义和影响。	· 夏商周 / 秦汉 / 三国两晋南北朝 / 隋唐五代十国 / 宋元明清 · 汉朝开辟"丝绸之路" / 南北朝佛教盛行 / 隋唐盛世 / 明朝郑和下西洋 / 清朝 / 国家疆域的形成 · 辛亥革命 / 五四运动 / 新文化运动 / 长征
文化遗产	· 了解中国古代遗址的特点和出土文物的历史文化价值。 · 了解中国古代建筑的特点和文化内涵。 · 了解中国古代园林的特点和文化内涵。	· 殷墟 / 青铜器 / 后母戊鼎 / 甲骨文 · 四大石窟 / 佛教艺术 · 天坛 / 祈年殿 / 苏州园林 / 亭台楼阁
文学	· 了解并欣赏中国古典诗歌意境和艺术的特点及文学价值。《 诗 · 了解并欣赏中国古典小说主题、形象和艺术的特点及文学价值。 · 理解中国古典文学与时代的关系和对中国文化的影响。	· 《诗经》/《楚辞》/ 屈原 / 陶渊明 · 《红楼梦》/曹雪芹 / 林黛玉 / 贾宝玉 / 《水浒》/ 林冲 / 武松打虎
艺术	· 了解并欣赏中国画特别是水墨画的艺术特点和代表作品。 · 了解并欣赏中国地方戏曲的《清表演艺术特点和代表作品。 · 了解并欣赏中国古典音乐的艺术特点和代表作品。 · 理解和欣赏中国古典舞蹈的艺术特点和代表作品。	· 中国画 / 山水花鸟画 · 《清明上河图》/ 吴道子 / 齐白石 · 昆曲 /《 牡丹亭》/ 川剧 / 变脸 · 古琴 /《高山流水》 · 古典舞 /《千手观音》
哲学	· 了解儒家思想的主要内容、历史发展及其影响。 · 了解道家思想的主要内容、历史发展及其影响。 · 理解传统哲学思想对中国文化和社会生活的影响。	· 孔孟思想 / 忠恕之道 / 仁与仁政 / 性善论 / 四书五经 / 朱熹 / 王阳明 · 《老子》/《庄子》/ 道法自然 / 无为而治 · 以人为本 / 天人合一 / 入世与出世 / 传统美德
宗教	· 了解中国佛教的主要信仰和文化内涵。 · 理解道教和其他民间宗教的主要信仰和文化内涵。 · 理解传统宗教信仰对中国文化和社会生活的影响。	· 中国佛教 / 禅宗 / 轮回 / 慈悲 · 道教 / 长生不老 / 济世救人 · 妈祖 / 祖先崇拜 / 祭祀

二级项目	教学内容和目标	文化点举例
发明	· 了解中医在病理诊断和治疗方面的特点、疗效和理念。 · 了解中国古代农业发明的特点及对中国历史和社会的影响。 · 了解中国古代水利工程的特点及对农业、水利的影响。	● 中医 / 中药 / 针灸 / 按摩 / 拔罐 / 刮痧 / 望闻问切 / 经络 / 整体观念与辨证论治 ● 水稻栽培 / 养蚕 /《农政全书》 ● 都江堰 ● 京杭大运河 / 漕运
中外交流	· 了解历史上中外交流的重要事件及历史作用。 · 理解历史上外国文化的传入和对中国文化的影响。 · 理解历史上中国文化在海外的传播和对世界文明的贡献。	● 丝绸之路 / 佛教传入 ● 遣唐使 / 鉴真东渡 ● 马可 · 波罗 / 海上"丝绸之路" ● 东学西渐 / 西学东渐 ● 汉字文化圈

▪ 当代中国

二级项目	教学内容和目标	文化点举例
地理	· 了解中国经济区域的特点和分布，理解经济发展的多样性和不平衡性。 · 理解地理环境对中国文化和民族性格的影响。 · 理解中国环境保护面临的挑战和应对举措。	● 四大经济区域 / 三大经济圈 / 一线、二线、三线城市 ● 土地资源保护 / 大气污染与防治 / 水资源保护 ● 新能源 / 碳减排 / 低碳生活
人口与民族	· 了解中国人口流动的趋势和影响因素。 · 理解中国人口政策的变化和与国情的关系。 · 理解中国民族关系的特点和民族政策的落实。	● 农民工 / 移民 / 海外华侨 ● 二胎三胎政策 / 应对老龄化社会 ● 民族平等 / 民族团结 / 民族区域自治 / 少数民族优惠政策
政治	· 理解中国司法制度的特点和对社会生活的影响。 · 理解中国的治国方针、举措和取得的成绩。 · 理解中国的治国理念及对国家发展和社会生活的意义。	● 宪法 /《民法典》/ 公检法 / 派出所 ● 改革开放 / 脱贫减贫 / 新农村建设 / 生态文明建设 / 依法治国 / 反腐倡廉 ● 中国梦 / 小康社会 / 共同富裕 / 社会主义核心价值观
经济	· 了解中国经济体制的性质和产业结构的特点。 · 了解中国对外经济合作交流的重要事件及意义。 · 理解中国经济与世界经济的关系和相互影响。	● 社会主义市场经济 / 公有制经济 ● 第一、二、三产业 / 国企 / 私企 / 外企 ● "中国制造" / "中国智造" / "一带一路"倡议 /《区域全面经济伙伴关系协定》(RCEP)
社保	· 了解中国医疗保险制度的特点和对人民生活的影响。 · 理解中国退休养老制度的特点和对人民生活的影响。 · 理解中国社会救助制度的特点和对人民生活的影响。 · 理解中国妇女权益保障的特点和对性别平等的影响。	● 城镇和农村医疗保险 / 公费医疗 ● 退休金 / 延迟退休 ● 贫困线 / 最低生活保障 / 五险一金 / 残疾人权益保障 ● 妇女权益保障 / 法定产假 / 性别平等
教育	· 了解中国高等教育的基本概况。 · 理解中国高等教育阶段的教育理念和人才培养目标。 · 理解中国教育改革和创新的特点和未来方向。	● 本科生、研究生教育 / 著名高校 / 考研 / 招生录取 / 专业与课程 ● 教育理念 / 人才培养目标 ● 高考改革 / 课程改革 ● 远程教育 / 慕课
语言文字	· 了解中文在语音、词汇和语法等方面的主要特点。 · 理解中国的语言政策和实施情况。 · 理解中文在海外使用和传播的特点及意义。	● 声调 / 量词 / 韵律 ●《汉语拼音方案》/ 推广普通话 / 保护少数民族语言和方言 ● 海外华语 / 中文传播 / 外国人学中文

二级项目	教学内容和目标	文化点举例
文学艺术	· 了解并欣赏中国现当代著名作家的代表作品及其艺术特色。 · 了解并欣赏中国现当代代表性电影和电视剧及其艺术特色。 · 了解并欣赏中国现当代代表性音乐作品及其艺术特色 · 理解中国现当代文学和影视《梁剧与时代和社会生活的关系。	鲁迅 /《呐喊》/《阿 Q正传》/ 曹禺 /《雷雨》/ 老舍 /《茶馆》/《骆驼祥子》/ 史铁生 /《我与地坛》 《霸王别姬》/ 历史剧 / 家庭伦理剧 《黄河大合唱》/《梁山伯与祝英台》
科技	· 了解中国当代科技的发展和最新成果。 · 理解中国科技发展的政策和人才培养的举措。 · 理解科技发展对中国经济和社会生活的影响。	超级计算机 / 5G 通信 / 北斗定位卫星 / “墨子号”量子卫星 科教兴国 / 科技人才引进和培养
传媒	· 了解中国重要的互联网网站和新媒体的特点。 · 理解中国新媒体和自媒体对中国社会生活的影响 · 理解大众传媒对信息传播和	网站 / 新浪 / 百度 自媒体 / 博客 / 微信 流媒体 / 数字电视 网民 / 信息传播 / 舆论
对外交流	· 了解中国与世界大国和邻国关系的特点及对世界的影响。 · 理解中国的外交原则和外交政策。 · 理解中外交流的理念、现状和未来方向。	中国与世界大国关系 / 中国与邻国关系 / 外交五项基本原则 / “一个中国”政策 / 人类命运共同体 / 文明交流互鉴 / 中外合作办学 / 孔子学院

국제 중국어 교육용 중국 사회 문화 교육 참고서

초판 인쇄 2023년 12월 22일
초판 발행 2023년 12월 29일

지은이 祖曉梅
옮긴이 한국외국어대학교 공자아카데미 박홍수·나민구·윤비취·姜穎
발행인 고윤성
기획 신선호 박경민
편집장 장혜정
도서편집 박미현
디자인 정정은 김대욱 최재영
인사행정 이근영
재무회계 김문규 정예찬
전자책·사전 이지현
캐릭터 변혜준
발행처 한국외국어대학교 지식출판콘텐츠원
02450 서울특별시 동대문구 이문로 107
전화 02)2173-2494~7
FAX 02)2173-3363
홈페이지 http://press.hufs.ac.kr
전자우편 press@hufs.ac.kr
출판등록 제6-6호(1969. 4. 30)
인쇄·제본 주)케이랩 02)2272-1084

ISBN 979-11-7199-120-4 [13380] **정가** 15,000원

HU;NE 은 한국외국어대학교출판부의 어학도서, 사회과학도서, 지역학도서 Sub Brand이다. 한국외대의 영문명인 HUFS, 현명한 국제전문가 양성(International+Intelligent)의 의미를 담고 있으며, 휴인(携引)의 뜻인 '이끌다, 끌고 나가다'라는 의미처럼 출판계를 이끄는 리더로서, 혁신의 이미지를 담고 있다.